BASKET-BALL

Conception :
Jack BEAUMONT

Texte :
Sylvie DERAIME

Dessins :
Philippe MARIN
Jacques DAYAN
J.-N. ROCHUT

Nous tenons à remercier pour son aimable collaboration
la Fédération Française de BasketBall.

FLEURUS ÉDITIONS, 15-27, rue Moussorgski, 75018 PARIS
www.fleuruseditions.com

UN SPORT VENU D'AMÉRIQUE

Comme bien d'autres inventions nées aux États-Unis, le basket-ball a conquis le monde entier. Ce sport, inventé par un professeur d'éducation physique canadien en 1891, a été diffusé à ses débuts par la YMCA, une association chrétienne pour la jeunesse. Rendu encore plus populaire par les soldats américains pendant la Seconde Guerre mondiale, le basket serait aujourd'hui plus pratiqué dans le monde que le football.

Le père du basket, James Naismith

Né au Canada en 1861, il s'installe aux États-Unis en 1890 pour y enseigner à l'université de Springfield. L'hiver, le mauvais temps empêche les élèves de jouer au baseball ou au football. Leur professeur cherche un jeu de balle qui pourrait se pratiquer dans le petit gymnase de l'établissement et qui favoriserait l'adresse et le contrôle de soi plus que la force physique. A-t-il imaginé les règles du basket en observant un élève qui lançait des boulettes de papier dans une poubelle ? Toujours est-il que, le 21 décembre 1891, il accroche des paniers en osier en hauteur dans le gymnase et énonce les règles d'un nouveau jeu : le basket-ball ou « balle au panier ». Les élèves sont enthousiastes !

Le pok ta pok des Mayas

Il y a au moins trois mille ans, les Mayas pratiquaient un jeu sacré évoquant le basket. Des anneaux en pierre étaient fixés à la verticale sur les murs opposés délimitant le terrain. Le joueur qui réalisait l'exploit de faire passer dans un anneau la balle en caoutchouc naturel, de 3 kg, assurait la victoire à son camp. La balle ne pouvait être frappée qu'avec les coudes, les épaules et les genoux.

Les 5 principes de Naismith

1 Les joueurs ne peuvent faire progresser le ballon, le lancer et le rattraper qu'avec les mains. Le ballon est assez gros pour être facile à manipuler et difficile à cacher.

2 Il est interdit de courir en tenant le ballon.

3 Les contacts physiques brutaux sont interdits.

4 Tout joueur peut obtenir le ballon à n'importe quel moment du match et en n'importe quel endroit du terrain.

5 Le « but », d'assez petite dimension, est placé à l'horizontale et en hauteur.

Des écoles américaines au monde entier

L'établissement où enseigne James Naismith appartient à la YMCA. Dès 1892, les membres de cette association proposent des matchs de démonstration dans les lycées et les universités des États-Unis. En 1898, la première ligue professionnelle américaine est créée.
Les équipes de la YMCA se déplacent aussi à l'étranger. En 1893, l'une d'elles participe à la première rencontre amicale en Europe, qui se tient à Paris. La Fédération internationale de basket (FIBA) voit le jour en 1932. En 1949, la télévision retransmet pour la première fois des matchs de basket, élargissant encore le public d'un sport qui, comme tout ce qui vient des États-Unis, séduit alors la jeunesse mondiale.

Les femmes aussi !

Dès 1893, le basket féminin se développe aux États-Unis. Mais son expansion est freinée par la morale de l'époque. Parce que les basketteuses montrent leurs jambes, les matchs ne peuvent avoir lieu que devant un public exclusivement féminin.

En 1950, alors que la société américaine impose la séparation des Blancs et des Noirs dans les lieux publics, les premiers joueurs noirs sont acceptés dans les équipes de la NBA (ligue de basket américaine).

Le spectacle des Harlem Globetrotters

Créée en 1926, l'équipe des Harlem Globetrotters, originaire de Chicago, est entièrement composée de joueurs noirs, alors exclus des grandes ligues professionnelles américaines. Les Globetrotters remportent de nombreux matchs et s'imposent par leur habileté. Après 1950, l'équipe se spécialise dans les tournois d'exhibition, les gestes spectaculaires et les gags. Dans les années 1970, les Harlem Globetrotters inspirent même des personnages de dessins animés.

En 1936, le basket fait son entrée aux Jeux olympiques. À Berlin, en Allemagne, James Naismith remet la médaille d'or à l'équipe des États-Unis, victorieuse des Canadiens. Les 21 équipes concurrentes (dont les équipes française et chinoise, ci-dessous) sont masculines. Les basketteuses devront attendre 1976 pour participer aux J.O.

UN SPORT POUR TOUS

À voir les stars de la NBA, la ligue américaine de basket, on pourrait croire que ce sport est réservé aux géants approchant ou dépassant 2 m ! Une grande taille peut être un atout pour marquer des paniers, mais le basket demande bien d'autres qualités que le joueur apprend à développer à l'entraînement comme dans les matchs. Et chacun, fille ou garçon, peut trouver sa place au sein d'une équipe, dans un club… ou dans la rue. Car, après tout, il suffit d'un panier et d'un ballon pour jouer.

Les qualités du basketteur

L'adresse est bien sûr nécessaire pour réussir un tir ou une passe, faire rebondir le ballon, dribbler tout en courant et maîtriser les changements de direction. La coordination des mouvements est tout aussi importante. Le basket est un sport très rapide : la vitesse est essentielle pour les attaques. Un autre avantage, même pour les plus grands, est d'avoir une bonne détente, c'est-à-dire d'être capable de sauter haut. Les contacts trop rudes sont exclus. Pas besoin donc d'être très costaud, le basketteur apprend d'autres techniques pour impressionner ou passer l'adversaire. Il doit au contraire savoir se contrôler.

Aux qualités physiques s'ajoutent l'observation et la concentration, indispensables pour pouvoir situer très vite coéquipiers et adversaires sur le terrain et réagir rapidement en fonction de la situation.

Le basket de rue

Le « street-basket », ou basket de rue, s'est développé sur le béton des villes américaines avant de traverser l'Atlantique dans les années 1980. On y joue le plus souvent à 3 contre 3 sur un demi-terrain ou 5 contre 5 sur le terrain entier (mais toutes les combinaisons sont possibles). Il n'y a pas d'arbitre : les joueurs veillent eux-mêmes au respect des règles. La première étant de s'amuser !

Le handibasket

En 1946, aux États-Unis, des blessés rescapés de la Deuxième Guerre mondiale ont commencé à jouer au basket en fauteuil roulant. Plus tard, en Angleterre et en France, des médecins et des kinésithérapeutes ont développé cette idée pour favoriser la rééducation de personnes se déplaçant en fauteuil. Bientôt, le handibasket a eu ses règles, pas si différentes de celles du basket. Il compte aujourd'hui plus de 100 000 licenciés dans le monde. Les Jeux paralympiques et le Championnat du monde opposent les meilleures équipes.

La tenue

La tenue réglementaire des basketteurs et des basketteuses est très simple : un maillot sans manches portant le numéro du joueur, un short, l'un et l'autre de couleur identique pour tous les membres d'une même équipe, des chaussettes… et des baskets. Les vêtements sont amples et aérés afin de ne pas gêner les mouvements et de permettre une bonne circulation de l'air.

Le maillot doit être dans le short pendant le jeu. La longueur du short peut varier et il est permis de porter un cuissard sous celui-ci.

Les baskets

D'abord montantes, en toile puis en cuir, les baskets ont été créées en 1917 par une célèbre marque américaine. La tige haute protège les chevilles. En 1980 sont inventées les baskets avec coussins d'air.

On trouve aujourd'hui des semelles avec un gel amortisseur, le but restant d'amortir les chocs.

GRAINE DE CHAMPIONS

Fondée en 1932, la Fédération Française de BasketBall (FFBB) compte aujourd'hui plus de 4 400 clubs. Les jeunes peuvent y découvrir les règles et le plaisir de ce jeu dès l'âge de 4 ans grâce au minibasket. À partir de 11 ans, ils apprennent à maîtriser la technique et participent à des matchs de compétition. Mais ils peuvent aussi jouer dans le cadre des nombreuses associations sportives au collège et au lycée. Et, pourquoi pas, si certains en ont l'envie, se préparer à évoluer au plus haut niveau ?

Le minibasket

Parce que la pratique du basket permet d'apprendre à jouer ensemble sans agressivité et développe de nombreuses qualités, un professeur d'éducation physique français a mis au point en 1950 le minibasket pour les moins de 12 ans. Les minibasketteurs s'entraînent principalement à se déplacer avec le ballon et à respecter les interdictions de marcher et de tenir, pousser ou bousculer l'adversaire. Le matériel est adapté à la taille des joueurs : les anneaux sont fixés à 2,60 m du sol, le ballon est plus petit et, sur le terrain, les lignes sont simplifiées.

L'âge des compéts

À partir de 11 ans, un enfant peut intégrer une équipe de basket au sein d'un club et disputer ses premières compétitions dans la catégorie correspondant à son âge. Si son équipe est bonne, peut-être évoluera-t-il du championnat départemental au championnat de France !

Catégories par âge :
- **11-12 ans** : benjamins
- **13-14 ans** : minimes
- **15-17 ans** : cadets
- **18 ans et plus** : seniors

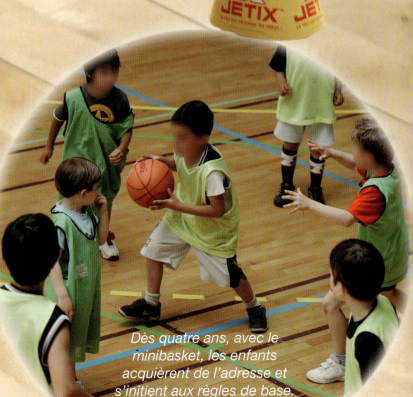

Dès quatre ans, avec le minibasket, les enfants acquièrent de l'adresse et s'initient aux règles de base.

Du camp national au centre fédéral

Les matchs disputés au camp national sont l'occasion d'être repéré et choisi pour intégrer le centre fédéral de basket-ball. Celui-ci forme au plus haut niveau 25 filles et 25 garçons âgés de 15 à 18 ans. Ces jeunes champions se préparent à la fois aux Championnats d'Europe de jeunes et à un futur métier qui peut être celui de basketteur professionnel ou un tout autre métier.

Le métier de basketteur

Certains grands joueurs professionnels français ont ainsi été formés au centre fédéral de basket-ball. Une autre voie est celle des centres de formation des clubs professionnels des ligues de basket. Les futurs pros peuvent s'y former à partir de 15 ans. Ces clubs disputent les championnats de France professionnels : Pro A et Pro B pour les garçons, LFB pour les filles.

Et pourquoi pas des études de basket ?

Certains collèges et lycées proposent une section sportive spécialisée en basket. Les élèves peuvent ainsi conjuguer les études secondaires, jusqu'au baccalauréat, avec un entraînement intensif. Entre 13 et 15 ans, les jeunes basketteurs peuvent également être sélectionnés pour rejoindre un des 32 pôles espoirs en France. Ils y suivent des études tout en s'entraînant au moins dix heures par semaine et en participant aux championnats de France amateurs. Au sein de ces pôles, ils bénéficient d'un soutien individuel et d'un suivi médical. Chaque année, les étudiants de tous les pôles espoirs se retrouvent pour un camp national.

Joueuses du centre fédéral à l'échauffement. L'entraînement comme les matchs ne sont pas mixtes.

SUR LE TERRAIN

Au basket, le but du jeu est simple : il s'agit de marquer plus de points que l'équipe adverse en mettant le ballon dans le panier situé dans le camp opposé. Mais tous les paniers marqués ne valent pas le même nombre de points selon l'endroit d'où ils ont été tirés. Sur l'aire de jeu, sont tracées des lignes qui délimitent différentes zones. Celles-ci déterminent les règles et les tactiques mises en œuvre. Pour bien comprendre le déroulement d'un match, il est donc essentiel de bien se repérer sur le terrain.

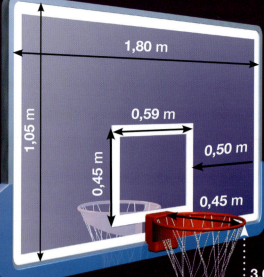

Hauteur : **3,05 m** du sol

Le panier
L'anneau, d'un diamètre de 45 cm, est fixé à 3,05 m du sol sur un panneau en bois ou en Plexiglas, marqué d'un rectangle cible. Le ballon doit passer par-dessus l'anneau et tomber dans le filet.

Le terrain
Il mesure 28 m de longueur sur 15 m de largeur. Dans les salles spécifiquement dédiées au basket, le sol est recouvert d'un parquet en bois. Mais, en club, on joue souvent dans un gymnase polyvalent, sur un revêtement synthétique.

La ligne médiane partage le terrain en deux moitiés. Les équipes permutent au milieu du match.

Ligne des 3 points

ligne de lancer franc

La raquette

Ligne de fond

Il est interdit aux attaquants de s'installer plus de trois secondes dans la zone réservée, aussi appelée raquette. Ce serait trop facile pour eux de marquer des paniers ! À l'extrémité de la raquette est dessinée la ligne de lancer franc (voir p.15).

Les poteaux qui supportent le panneau sont capitonnés pour éviter que les joueurs se blessent en les heurtant.

Le ballon
Rond, il peut être en cuir, en caoutchouc ou en matière synthétique. Il doit peser entre 600 et 650 g pour un diamètre d'environ 24 cm.

La mise en jeu du ballon, au début du match, a lieu dans le cercle central.

3,60 m

Ligne médiane

15 m

Ligne des trois points : si un joueur réussit un panier à l'extérieur de cette ligne, son équipe marque trois points. S'il se trouve à l'intérieur de cette ligne lorsqu'il tire, le panier vaut deux points.

14 m

Ligne de touche

0,90 m

Les lignes de touche et de fond délimitent le terrain. Lorsque le ballon ou un joueur touche l'une de ces lignes ou le sol à l'extérieur de celles-ci, l'arbitre siffle une sortie et le ballon revient à l'équipe adverse.

Le temps de jeu
Un match se déroule en quatre périodes de dix minutes suivant les règles de la Fédération internationale de basket-ball (FIBA), de douze minutes en NBA (ligue de basket américaine). Le chronomètre de jeu est arrêté chaque fois que l'arbitre siffle. Chaque entraîneur peut demander cinq arrêts de jeu, ou temps morts, au cours du match : chacun dure une minute au maximum. Ces arrêts allongent la durée réelle d'un match. En cas d'égalité à la fin du temps réglementaire, le match est prolongé de cinq minutes autant de fois qu'il est nécessaire pour départager les deux équipes.

Les équipes
Sur le terrain s'affrontent deux équipes de cinq joueurs chacune. Chaque équipe compte entre cinq et sept remplaçants. L'entraîneur peut remplacer les joueurs aussi souvent qu'il le souhaite au cours d'un match.

Les arbitres
Dans les compétitions de la FIBA comme de la NBA, il y a trois arbitres. Veillant au respect des règles, les arbitres s'expriment par des gestes codifiés.

Autour du terrain
Entre les bancs de chaque équipe, où sont assis les remplaçants et les entraîneurs, se trouve la table de marque : le marqueur note les paniers et les fautes ; le chronométreur déclenche et arrête le chronomètre de jeu ; un commissaire supervise le match.

LES PRINCIPALES RÈGLES

Sur le terrain, la rapidité est gage de réussite : chacun des dix joueurs doit se trouver au bon endroit au bon moment. Le rythme effréné des matchs résulte aussi des règles qui encadrent les déplacements. Par exemple, dès qu'un joueur a franchi la ligne médiane et se retrouve avec le ballon dans le camp adverse, il ne peut revenir dans sa zone ni passer à un coéquipier qui s'y trouve. Il lui faut faire progresser le ballon le plus vite possible, sans commettre de faute.

À qui le ballon ?

Un match commence par un entre-deux : un joueur de chaque équipe se place dans le rond central, chacun d'un côté de la ligne médiane. L'arbitre lance le ballon à la verticale entre les deux adversaires. Chacun doit essayer de le dévier vers ses coéquipiers, immobiles, en dehors du cercle. Au cours du match, quand le ballon sort, la remise en jeu (ci-contre) s'effectue depuis la ligne de touche, à l'endroit où il est sorti. Elle est faite par un joueur de l'équipe n'ayant pas eu le ballon la dernière. Ce joueur dispose de cinq secondes pour passer le ballon à un coéquipier. Après un panier, le ballon revient à l'équipe qui défendait.

Les règles de progression et d'arrêt

Un basketteur ne peut faire avancer le ballon qu'en dribblant ou en effectuant une passe. Les premières fautes à éviter sont le « marcher » et la reprise de dribble. Sinon, le ballon va à l'équipe adverse.

❶ La prise d'appui

Quand un joueur est en possession du ballon, il n'a droit qu'à deux appuis au sol avant de décider s'il continue en dribblant, s'il passe ou tire. Au troisième appui, l'arbitre siffle un marcher.

❷ Le dribble

Quand un joueur dribble, il peut faire autant de pas qu'il le souhaite. Il peut même s'immobiliser puis repartir, à condition de ne pas cesser de faire rebondir le ballon au sol d'une main. S'il arrête de dribbler ou prend le ballon à deux mains, il lui faut aussitôt passer le ballon ou tirer. Car s'il recommence à dribbler, l'arbitre siffle une reprise de dribble.

Premier appui : réception du ballon.

Deuxième appui : contrôle. Le joueur doit lâcher le ballon avant de poser à nouveau l'autre pied.

Les règles de temps

3 secondes : c'est le temps dont dispose l'équipe attaquante, parvenue dans la raquette du camp adverse, pour tenter un panier ou sortir de cette zone réservée. Les joueurs doivent compter dans leur tête et agir vite.

8 secondes : une équipe qui remet le ballon en jeu dans son camp doit avoir franchi la ligne médiane et se retrouver dans le camp adverse avant que 8 secondes se soient écoulées.

24 secondes : à partir du moment où une équipe a récupéré le ballon sur une remise en jeu ou après l'avoir intercepté, elle a 24 secondes pour tenter un tir. Dans les compétitions de haut niveau, les attaquants peuvent consulter l'horloge placée au-dessus de chaque panier pour voir le temps qu'il leur reste.

❸ Le pivoter

Le pied de pivot est celui qui est en contact avec le sol quand le joueur est à l'arrêt, en possession du ballon. Le joueur peut déplacer l'autre pied plusieurs fois dans toutes les directions : il pivote, ce qui lui permet de se tourner vers un coéquipier sans violer les règles de progression et d'arrêt. Il peut décoller son pied pivot pour passer ou tirer. S'il part en dribble, il doit en revanche commencer à dribbler avant de soulever son pied pivot du sol.

Les fautes

Les violations des règles de progression, d'arrêt et de temps entraînent la perte du ballon au profit de l'adversaire. Les fautes de contact ou de comportement sont le plus souvent sanctionnées par deux lancers francs. Elles sont notées à la table de marque. À la cinquième, le joueur récidiviste est exclu jusqu'à la fin du match.

Les fautes personnelles

Chaque joueur, qu'il ait ou non le ballon, dispose d'un espace personnel. On peut le visualiser comme un cylindre allant du sol au plafond, de la même largeur que les épaules du joueur. Dès qu'un adversaire empiète sur cet espace protégé, il y a faute personnelle. Il est par conséquent interdit de toucher le bras de celui qui tire ou tient le ballon, de bousculer ou retenir un attaquant qui progresse avec le ballon, comme de pousser un défenseur pour passer en force avec le ballon.

La faute technique

est le non-respect par un joueur ou un entraîneur de l'arbitre ou de l'adversaire.

Le lancer franc

Selon les cas, l'arbitre accorde au joueur victime d'une faute la possibilité de tenter un ou deux tirs depuis la ligne de lancer franc, dans la raquette. Les autres joueurs se tiennent autour de la raquette, à des positions définies. Les défenseurs ne peuvent tenter de récupérer le ballon qu'après le dernier lancer franc. Un lancer réussi vaut 1 point.

L'ART DU DRIBBLE

Savoir dribbler, c'est à la fois la base pour un basketteur et un art qui peut se comparer au jonglage. Une fois le geste maîtrisé, le joueur peut varier la hauteur du dribble pour protéger le ballon ou changer de direction pour mieux progresser vers le panier. Un bon dribbleur utilise ce talent au service de son équipe. En « jonglant » avec le ballon, il peut lancer une contre-attaque rapide, se démarquer d'un défenseur pour aller tirer ou permettre à ses coéquipiers de se placer pour recevoir le ballon.

Position de la main

Le poignet est souple, les doigts sont écartés sur le haut du ballon. La position de la main peut se modifier lors d'un changement de direction, mais elle ne doit jamais passer sous le ballon. Le contrôle se fait du bout des doigts et non avec la paume.

Comment dribbler ?

Jambes fléchies, corps en équilibre, tête relevée : on dribble sans regarder le ballon mais en contrôlant toujours la position des autres joueurs. Le ballon doit rester le plus près de soi possible. Le bras libre protège le ballon de l'adversaire. Si celui-ci est très proche, le dribble doit se faire plus bas. À la fin du dribble, le ballon est récupéré au rebond, l'arrêt est net.

Feinte et changement de direction

Pour tromper l'adversaire, rien de tel que de simuler un mouvement puis d'en faire un autre. Le temps qu'il réagisse suffit à le dépasser. Le dribbleur peut par exemple porter le poids de son corps sur un pied. Celui qui le marque est attiré dans cette direction. Mais aussitôt le dribbleur, prenant appui fortement sur le pied au sol, part dans la direction opposée. Le défenseur, ainsi feinté, peut aisément être contourné.

Dribble croisé

Autre technique pour surprendre l'adversaire, le dribble croisé exige de savoir contrôler le ballon de l'une et l'autre main. Le buste légèrement penché vers l'avant, la première main, à hauteur de hanche, pousse le ballon vers le sol, en direction du pied opposé, pour que la trajectoire forme un angle de 45° environ. La deuxième main récupère le ballon. Le secret, c'est de ne jamais regarder le ballon, mais de fixer l'adversaire… qui, lui, surveille la balle.

Entre les jambes

Les jambes s'écartent, le pied opposé à la main qui tient le ballon se plaçant en avant. Le pied arrière est un peu soulevé. Sans regarder le ballon, le joueur l'envoie entre ses jambes, en visant mentalement le milieu de la ligne joignant ses pieds. Il récupère le ballon de l'autre main sans changer de position. Puis il avance l'autre pied en avant et peut de nouveau viser entre ses pieds.

Dribble dans le dos

Au moment où un adversaire tente de dérober le ballon au dribbleur, celui-ci avance le corps pour dépasser le ballon, en changeant de pied d'appui. Le ballon se retrouve dans son dos. Le poignet décrit une courbe pour le propulser vers l'avant, vers le nouveau pied d'appui. Le dribbleur peut alors le récupérer.

Le reverse

Face à un défenseur, le dribbleur pivote sur son pied avant tout en emmenant le ballon vers le côté opposé à la main qui dribblait. Il s'enroule ainsi autour du défenseur gênant pour le dépasser et continuer son dribble. Il lui faut renvoyer le ballon au sol avant que le pied de pivot ne décolle. Il peut ensuite reprendre sa progression.

PASSES ET TIRS

Moins spectaculaire que le dribble, la passe est toutefois le moyen le plus rapide de faire avancer le ballon. Le passeur doit dans un même temps contrôler son mouvement, repérer le coéquipier le mieux placé pour recevoir le ballon, visualiser la trajectoire et le type de passe le plus approprié. Celui qui réceptionne doit veiller à se démarquer de l'adversaire et anticiper la suite de l'action. Le tir est l'aboutissement du jeu et un geste très technique. Il faut bien évaluer la situation, être précis et aussi se concentrer… même quand tout va très vite !

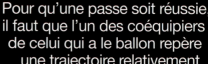

LES PASSES

Pour qu'une passe soit réussie, il faut que l'un des coéquipiers de celui qui a le ballon repère une trajectoire relativement à l'abri de l'adversaire.

❶ La passe directe

Cette passe s'effectue quand aucun adversaire ne fait obstacle entre le passeur et le destinataire du ballon. Le ballon est vigoureusement poussé des deux mains à hauteur de la poitrine.

❷ La passe lobée

Quand le passeur est marqué de près par un adversaire, la solution peut être pour lui de faire prendre de la hauteur au ballon. La passe s'effectue à une ou deux mains, le regard est fixé sur le destinataire. Le ballon est propulsé par un puissant mouvement des poignets et des doigts (un « fouetté ») en direction de celui qui va le réceptionner.

❸ La passe dans le dos

Quand le risque est trop grand de voir une passe vers l'avant contrée par les défenseurs, la passe dans le dos peut être un choix judicieux. L'action exige une bonne communication entre coéquipiers.

❹ La passe à terre

Face à un adversaire plus grand ou qui lève les bras pour contrer la passe, l'astuce peut être de faire rebondir le ballon. Le passeur doit viser au sol le milieu de la ligne qui le sépare de son coéquipier. Il peut passer à deux mains. Mais si le destinataire est marqué, le passeur exécute sa passe à une main, en avançant le pied du même côté. La trajectoire du ballon est ainsi décalée et son partenaire peut la recevoir sans trop de danger en allongeant le bras.

LES TIRS

Les mains doivent être bien placées au départ : celle qui tire, ou « shoote », est sous le ballon, doigts écartés, pointant vers le haut, la paume décollée de la balle. L'autre maintient le ballon. Le tireur ne quitte jamais le panier des yeux.

❶ Le double pas

Pour tirer en course, en fin de dribble ou après avoir réceptionné une passe, le joueur enchaîne un double pas : le pied posé le dernier devient le pied d'appel pour le saut vers le panier. Le genou opposé monte haut (ci-dessous). La main qui tire est celle opposée au pied d'appel. Si le tireur n'arrive pas au niveau de l'anneau, il doit viser le coin supérieur du rectangle cible tracé sur le panneau.

❷ Le lancer franc

Le tireur est immobile et seul devant le panier. Ses pieds sont parallèles, le pied du côté de la main qui tire est légèrement avancé. Le ballon, le genou fléchi et le pied se placent sur une ligne verticale. Quand le tireur est prêt, il étend tout son corps, décolle les talons et étire les bras au maximum. La main qui ne tire pas s'écarte délicatement tandis que l'autre, par un fouetté du poignet, propulse le ballon vers l'avant et le haut pour lui imprimer une trajectoire idéale, en arc de cercle.

❸ Le dunk

Appelé également smash, ce tir est le plus spectaculaire mais aussi le plus difficile à réaliser : il demande une excellente détente et exige de s'approcher très près du panier. La course d'appel commence comme pour un double pas, mais avant de s'élever, le tireur ramène son second pied au niveau du pied d'appel. Il décolle grâce à la vitesse acquise et vient déposer directement le ballon dans le filet, en s'accrochant à l'anneau.

❹ Le tir en suspension

Il s'effectue à l'arrêt ou à la sortie d'un dribble. Les mains se positionnent pour tirer quand le ballon est ramené au niveau des hanches. Puis, les pieds bien posés au sol, le tireur s'accroupit pour se propulser vers le haut. Les bras ne se tendent qu'après la poussée des jambes. Le joueur lâche le ballon seulement lorsqu'il a atteint la hauteur maximale de son saut.

LES TACTIQUES COLLECTIVES

Les meilleures équipes de basket ne doivent pas seulement leur succès au talent individuel de leurs joueurs. La bonne entente et la capacité des coéquipiers à mettre en place des tactiques collectives, en attaque aussi bien qu'en défense, sont essentielles. Si tous les joueurs peuvent se déplacer librement sur le terrain, l'entraîneur attribue à chacun une position de départ et un rôle au cours du match. Les variantes tactiques sont nombreuses : il s'agit de s'adapter à chaque nouvelle situation.

Le rôle des joueurs

Le poste attribué aux joueurs dépend de leur taille et de leurs capacités personnelles, ainsi que des tactiques décidées par l'entraîneur.

Pivot : il peut y avoir un ou deux pivots. Ils jouent près du panier. Ce sont généralement les plus grands joueurs et les plus doués pour récupérer la balle au rebond et pour marquer à faible distance.

Ailier : deux ailiers se répartissent en attaque les côtés du terrain, entre la raquette et la ligne de touche. Ils sont souvent plus petits que le pivot mais plus grands que le ou les arrières. Ils doivent être de bons marqueurs et maîtriser la tactique du rebond.

Arrière : il y en a un ou deux selon la formation choisie par l'entraîneur. Ce sont souvent les joueurs les plus rapides. Ils excellent dans les passes et le dribble, ainsi que dans les tirs à mi-distance. Les arrières jouent dans différentes zones du terrain selon les tactiques retenues et selon que l'équipe est en attaque ou en défense.

L'entraîneur choisit la formation la mieux adaptée aux qualités de chacun. La formation 2-1-2 (deux arrières, un pivot, deux ailiers) est considérée comme la plus simple.

Tactiques d'attaque :

Le passe-et-va

Le passe-et-va est un moyen simple de mener une attaque rapide à deux ou trois joueurs. Le joueur en possession du ballon (1) fait une passe à un coéquipier démarqué (2) qui a réussi à s'avancer plus près du panier. Une fois que le premier joueur a passé le ballon, il se démarque à son tour pour courir droit vers le panier — on dit « couper au panier ». Il peut alors indiquer par un appel de balle où il veut recevoir le ballon et tirer en course (3).

3 La contre-attaque

Le secret d'une contre-attaque réussie est la rapidité. Il faut prendre de vitesse ceux qui attaquaient l'instant d'avant et se retrouvent maintenant défenseurs, afin de les devancer dans leur camp. Mais une action coordonnée a souvent plus de chances de succès : l'un avance en dribblant le long du couloir central, un ou deux partenaires l'accompagnent sur les côtés.

2 L'écran

Cette tactique consiste pour un joueur de l'équipe attaquante à faire bloc tout près d'un adversaire pour aider un coéquipier à se dégager. Ce dernier peut être en possession du ballon et l'écran lui permet de poursuivre son avancée. Ou il n'a pas encore le ballon mais se trouve dans une position intéressante : l'écran l'aide alors à se démarquer pour recevoir une passe, partir en dribble ou tirer. Le joueur écran a le droit d'entrer en contact physique avec l'adversaire — sans brutalité, bien sûr ! — à condition d'être immobile, les deux pieds au sol.

Rebond

Il s'agit d'être le mieux placé pour s'emparer du ballon après qu'il a rebondi sur le panneau lors d'une tentative de tir. Lorsqu'un joueur tente de marquer un panier, ses coéquipiers comme ses adversaires se tiennent prêts à récupérer le ballon au cas où le tir échouerait.

Tactiques de défense :

A. La défense de zone
L'équipe en défense se déploie sur une partie du terrain pour faire barrage aux adversaires : chaque joueur défend une zone en contact avec celle de ses coéquipiers. Ce type de défense vise principalement à protéger le panier.

B. La défense individuelle
Chacun des joueurs en défense marque un attaquant et le suit dans tous ses déplacements. Cette tactique permet de récupérer le ballon plus rapidement. Simple à mettre en place, elle est éprouvante physiquement.

LA CÉLÈBRE NBA

Créée en 1946, l'Association nationale américaine de basket, plus connue sous son abréviation en anglais, NBA, réunit les meilleures équipes des États-Unis. Leurs seuls noms — Chicago Bulls (Taureaux de Chicago, à cause des grands abattoirs de la ville) ou Detroit Pistons (Pistons de Detroit, capitale de l'automobile) — attirent les foules. Les matchs de la NBA sont retransmis dans plus de 200 pays, où ils sont suivis par des millions de passionnés.

Une saison en NBA

Les 30 équipes membres de la NBA sont réparties selon leur situation géographique dans une Conférence Est et une Conférence Ouest. Les équipes se regroupent pour des camps d'entraînement en octobre. Les entraîneurs peuvent y évaluer leurs joueurs mais aussi leurs futurs adversaires. La saison commence vraiment début novembre : chaque équipe disputera 82 matchs. À l'issue de ceux-ci, fin avril, les joueurs se voient décerner des titres individuels, comme celui de « rookie of the year », qui récompense le meilleur « petit nouveau » de l'année. Les 16 premières équipes au classement (8 par Conférence) s'affrontent ensuite en trois tours à l'occasion des « Playoffs ». Le quatrième et dernier tour oppose l'équipe championne de la Conférence Est à celle de la Conférence Ouest pour le titre convoité de champions NBA. La finale se déroule en juin.

Ci-contre, les Boston Celtics contre les Philadelphia 76ers, deux des plus grandes équipes de la NBA, en 1967.

Pour la 15ᵉ fois dans l'histoire de la NBA, les Lakers de Los Angeles ont remporté le titre en 2008-2009. Ci-dessous, les Lakers contre les Mavericks de Dallas.

L'actuel logo, dessiné en 1969, est à l'effigie de Jerry West, meneur des Lakers dans les années 1960.

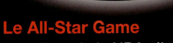

Les deux équipes constituées pour le All-Star Game 2010 : les conférences Ouest (en rouge) et Est (en bleu, victorieuse).

Le All-Star Game

La saison de la NBA s'interrompt chaque année le temps du « week-end des étoiles », qui réunit les meilleurs joueurs de la saison pour des concours de dunks, d'agilité ou encore un match des célébrités. Le clou du week-end est le All-Star Game, match qui voit s'affronter les meilleurs joueurs des deux conférences. Ce sont les fans du monde entier qui choisissent pour chacune des deux équipes le « 5 majeur » (les titulaires), en remplissant un bulletin ou en votant sur Internet. Les deux entraîneurs sont ceux dont les équipes ont le meilleur pourcentage de victoires dans leur conférence.

Les équipes stars

Les plus grandes équipes de la NBA

Boston Celtics 17 titres de champion NBA ; première victoire en 1956 ; dernier titre en 2008.
Los Angeles Lakers 16 titres ; première victoire en 1949 ; dernier titre en 2010.
Chicago Bulls 6 titres ; première victoire en 1991 ; dernier titre en 1998.
San Antonio Spurs 4 titres ; première victoire en 1999 ; dernier titre en 2007.
Detroit Pistons 3 titres ; première victoire en 1989 ; dernier titre en 2004.
Golden State Warriors 3 titres ; première victoire en 1947 ; dernier titre en 1975.
Philadelphia 76ers 3 titres ; première victoire en 1955 ; dernier titre en 1983.
New York Knicks 2 titres ; première victoire en 1970 ; dernier titre en 1973.

La Dream Team

En 1992, les Jeux olympiques de Barcelone s'ouvrent aux basketteurs professionnels. Auparavant, les États-Unis étaient représentés par des joueurs universitaires ou évoluant en Europe. Cette fois, l'équipe nationale américaine rassemble les meilleurs joueurs de la NBA. Surnommée la Dream Team (« l'équipe de rêve »), elle est entraînée par Chuck Daly, coach des Detroit Pistons, et emmenée par Earvin « Magic » Johnson, la star des Lakers, ainsi que son rival, Larry « Legend » Bird, des Boston Celtics. Y figure également le célébrissime Michael Jordan. La Dream Team gagne tous ses matchs. Pendant toute la durée des Jeux, elle n'est menée que quelques minutes et l'entraîneur ne demande aucun temps mort. Les Américains remportent la finale contre la Croatie 117 à 85.

LES GRANDES COMPÉTITIONS

En dehors des matchs de la NBA, bien d'autres compétitions permettent de voir évoluer des basketteurs et basketteuses de talent. La plupart des compétitions internationales sont organisées par la Fédération internationale de basket, la FIBA. La Fédération française de BasketBall (FFBB) est l'une des 213 fédérations nationales affiliées à cette organisation.
Elle supervise l'ensemble des clubs amateurs et les compétitions nationales, hormis le championnat professionnel masculin.

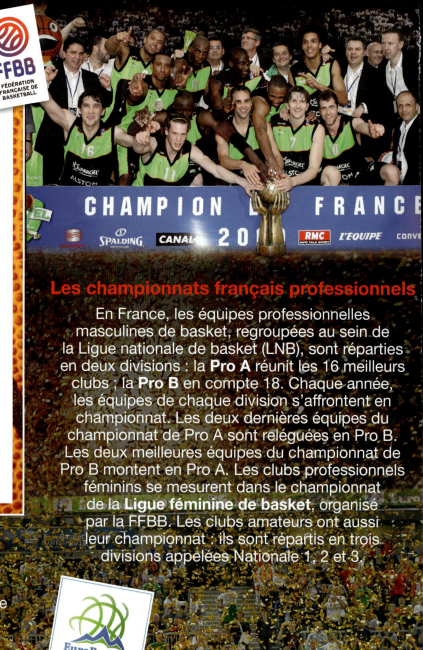

Les championnats français professionnels

En France, les équipes professionnelles masculines de basket, regroupées au sein de la Ligue nationale de basket (LNB), sont réparties en deux divisions : la **Pro A** réunit les 16 meilleurs clubs ; la **Pro B** en compte 18. Chaque année, les équipes de chaque division s'affrontent en championnat. Les deux dernières équipes du championnat de Pro A sont reléguées en Pro B. Les deux meilleures équipes du championnat de Pro B montent en Pro A. Les clubs professionnels féminins se mesurent dans le championnat de la **Ligue féminine de basket**, organisé par la FFBB. Les clubs amateurs ont aussi leur championnat : ils sont répartis en trois divisions appelées Nationale 1, 2 et 3.

Le Championnat d'Europe des nations

Le Championnat d'Europe, ou **EuroBasket**, oppose tous les deux ans les sélections nationales des différents pays européens. La Russie est le pays le plus titré aux tableaux féminin et masculin. Mais en 2013, ce sont les Français emmenés par Tony Parker, qui ont remporté, pour la première fois, l'Eurobasket masculin.

Le Championnat d'Europe des clubs

Les clubs professionnels champions des pays européens se retrouvent chaque année pour disputer **l'Euroligue**, masculine ou féminine. Depuis 1958, chez les hommes, les clubs italiens et espagnols rivalisent pour le plus grand nombre de titres européens. Le club espagnol du Real de Madrid détient à lui seul 8 victoires en finale.

Les Grecs de l'Olympiakos Le Pirée ont gagné la finale de l'Euroligue masculine en 2012 et 2013.

En 2013, les basketteuses de l'UMMC Ekaterinbourg ont remporté l'Eurolige féminine, offrant à la Russie son septième titre.

L'équipe du Spartak de Moscou, lors de sa victoire, en 2010.

Le Championnat du monde

L'EuroBasket sert de qualification pour le Championnat du monde, qui regroupe tous les quatre ans les meilleures équipes de chaque continent. C'est l'équipe masculine de Serbie qui compte le plus grand nombre de médailles d'or au Championnat du monde masculin. Comme pour les JO, ce sont les Américaines qui dominent le Championnat du monde féminin.

L'équipe féminine américaine, championne en 2010.

Les Jeux olympiques

Jusqu'en 1972, côté messieurs, le suspense aux JO était de savoir qui allait terminer en deuxième position… derrière les États-Unis. Cette année-là, les basketteurs américains étaient battus pour la première fois en finale par les Soviétiques. En 1980, les Yougoslaves gagnaient la médaille d'or aux JO de Moscou, boycottés par les États-Unis. Les Soviétiques remportèrent une nouvelle victoire en 1988 contre les États-Unis qui, depuis, n'ont raté l'or qu'en 2004. Chez les basketteuses, ce sont aussi les Américaines qui dominent, avec 7 médailles d'or en dix olympiades. En 2012, la médaille d'argent a été décrochée par les Françaises.

En 2012, à Londres, les basketteuses françaises ont pour la première fois remporté une médaille aux JO. Elles ont fini la compétition en deuxième place, battues en finale par les Américaines.

THE HALL OF FAME

À Springfield, où a été inventé le basket-ball, un bâtiment appelé Hall of Fame (« temple de la renommée ») honore depuis 1959 les personnalités qui ont marqué l'histoire de ce sport. Depuis 1991, la FIBA possède elle aussi son Hall of Fame, édifié en Espagne. Voici quelques joueurs et joueuses entrés dans la légende, dont la plupart ont leur nom inscrit dans ces lieux.

Michael Jordan

LE CHAMPION DU DUNK

Michael « Air » Jordan doit son surnom aux sauts aériens qui lui ont permis d'exceller dans les dunks. Comptant parmi les 5 joueurs les plus titrés de l'histoire de la NBA, il détient notamment le record de la meilleure moyenne de points par match : 30,12. Il fut aussi un pilier de la Dream Team. Il a rejoint le Hall of Fame de la NBA en 2002.

Wilt Chamberlain

LE PLUS DE POINTS EN NBA

À 13 ans, l'Américain Kareem Abdul-Jabbar mesure déjà 2 m. Ayant atteint 2,18 m à l'âge adulte, il a été le meilleur pivot de la NBA pendant les vingt saisons qu'il a disputées avant de prendre sa retraite en 1989. Il détient toujours le record du plus grand nombre de points marqués en NBA : 38 387 ! Il est au Hall of Fame de la NBA depuis 1995.

LE PLUS GRAND NOMBRE DE RECORDS

Surnommé Wilt l'échassier, l'Américain Wilt Chamberlain a enlevé le plus grand nombre de records en NBA. En 1962, il marque 100 points pour les Philadelphia Warriors au cours d'un match contre les Knicks de New York. Ce record n'est toujours pas tombé. Chamberlain est entré au Hall of Fame de la NBA en 1978.

Kareem Abdul-Jabbar

UNE DES CINQ JOUEUSES DU SIÈCLE

Pour la presse américaine, Olga Soukharnova compte parmi les cinq meilleures joueuses du siècle ! Elle a remporté 4 médailles d'or avec l'équipe soviétique et neuf titres européens. Ayant choisi de vivre en France, elle a également obtenu cinq titres de championne de France.

GÉANT !

Suleiman Ali Nashnush, membre de l'équipe libyenne de basket dans les années 1960, demeure le plus grand basketteur de l'Histoire… par sa taille. Il mesurait 2,45 m !

Olga Soukharnova

LE ROI DE LA PASSE

Earvin « Magic » Johnson est souvent considéré comme le joueur le plus complet. Il était le roi de la passe qu'il faisait souvent précéder de plusieurs feintes. En 1992, il a remporté l'or avec la Dream Team aux JO de Barcelone. Dix ans plus tard, il entrait au Hall of Fame de la NBA.

Magic Johnson

L'UNE DES MEILLEURES JOUEUSES DU MONDE

Jacqueline Chazalon, sélectionnée 189 fois dans l'équipe de France de basket de 1963 à 1976, est considérée comme l'une des meilleures joueuses du monde. Elle est entrée au Hall of Fame de la FIBA en 2009.

Jacky Chazalon

Tony Parker

1ᵉʳ FRANÇAIS CHAMPION DE LA NBA

Tony Parker n'avait que 19 ans lorsqu'il a été recruté en 2001 par les Spurs de San Antonio, dont il sera le plus jeune meneur. Joueur exceptionnellement rapide, il est le premier Français à avoir été sacré, avec son équipe, champion de la NBA (en 2003, 2005 et 2007) et le premier Européen à avoir été élu meilleur joueur des finales NBA, en 2007.

1ᵉʳ FRANÇAIS ENTRÉ EN NBA

Formé au club d'Evreux, en Normandie, Olivier Saint-Jean est le premier joueur français à avoir intégré, en 1997, une équipe de la NBA (celle des Sacramento Kings). Converti à l'islam, il a pris le nom de Tariq Abdul-Wahad. En 2003, une mauvaise blessure le contraint à mettre fin à sa carrière.

LA PLUS JEUNE

Nancy Lieberman avait à peine 18 ans lorsqu'elle a remporté une médaille d'argent avec la sélection américaine aux Jeux olympiques de Montréal, en 1976. Elle demeure la plus jeune de tous les basketteurs, hommes et femmes réunis, ayant remporté un titre olympique. En 1986, elle est la première joueuse à intégrer une équipe… masculine. Elle est entrée au Hall of Fame en 1996.

Nancy Lieberman

CÉLÈBRES DANS LE MONDE ENTIER

Connus à travers toute la planète, les Harlem Globetrotters sont l'une des quatre équipes entrées au Hall of Fame de la NBA.

TABLE DES MATIÈRES

UN SPORT VENU D'AMÉRIQUE **6**

UN SPORT POUR TOUS **8**

GRAINE DE CHAMPIONS **10**

SUR LE TERRAIN **12**

LES PRINCIPALES RÈGLES **14**

L'ART DU DRIBBLE **16**

PASSES ET TIRS **18**

LES TACTIQUES COLLECTIVES **20**

LA CÉLÈBRE NBA **22**

LES GRANDES COMPÉTITIONS **24**

THE HALL OF FAME **26**

MDS : 660640
ISBN : 978-2-215-10466-7
© FLEURUS ÉDITIONS, 2010
Dépôt légal à la date de parution.
Conforme à la loi n° 49-956 du 16 juillet 1949
sur les publications destinées à la jeunesse.
Imprimé en Italie (01-17)